Lk 232.

LA CURE DE SAINT-REMY,

L'HOSPICE SAINT-CHARLES,

ET

LE COUVENT DE LA PROVIDENCE OU DES FILLES

DE SAINTE-GENEVIÈVE D'AMIENS.

———oooo o✳o oooo———

AMIENS

IMPRIMERIE DE T. JEUNET

3 — IMPASSE DES CORDELIERS — 3

—

1861

LA CURE DE SAINT-REMY,

L'HOSPICE SAINT-CHARLES,

ET

LE COUVENT DE LA PROVIDENCE OU DES FILLES DE SAINTE-GENEVIÈVE D'AMIENS.

Parmi les droits, bénéfices et priviléges qui appartenaient à la cure de Saint-Remy avant la Révolution, il en est qui furent l'objet de vives contestations. Hâtons-nous de dire, toutefois, que les droits dont nous voulons parler n'avaient pas une origine suspecte de quelque bizarrerie féodale, qu'ils résultaient d'un acte de fondation parfaitement légal, et que le fondateur, en les créant, n'avait rien fait d'abusif ou de blâmable. C'est en 1667, lors de la réunion du bureau des pauvres avec l'hospice Saint-Charles en hôpital général, autorisée l'année suivante par lettres patentes de Louis XIV[1], que ces discussions prirent naissance. Les mémoires et les pièces relatives à ces contestations n'étant pas sans intérêt historique pour cette cure, pour l'hospice et pour le couvent de la Providence, nous en rappellerons ici l'objet et les circonstances.

[1] Ces lettres portent la date du 9 janvier 1668. L'établissement du bureau des pauvres remontait à 1524, époque à laquelle le corps de ville ordonna que les pauvres d'Amiens seraient nourris aux dépens des bourgeois et que les mendiants étrangers en seraient chassés.

I

A l'époque de la fondation de l'hospice Saint-Charles, faite en 1640 par M. Antoine Louvel, curé de Saint-Remy, seigneur de plusieurs lieux, l'administration perpétuelle, spirituelle et temporelle de cet établissement appartenait au fondateur qui se l'était réservée et qui lui fut confirmée par lettres patentes de 1644, homologuées par le parlement en 1646. Après son décès arrivé en 1649, son droit passa à M. Coulon, son successeur en ladite cure, et ce dernier en eut l'exercice jusqu'à la réunion avec l'Hôtel-Dieu opérée en 1667, avec adjonction, toutefois quant au temporel, dès 1649, de quatre co-administrateurs laïcs, ce à quoi M. Coulon avait donné son consentement.

Alors cette union devenant un fait accompli par le moyen des lettres patentes ci-dessus relatées, MM. les commissaires du bureau des pauvres élevèrent la prétention d'administrer temporellement les deux hospices réunis, à l'instar de l'hôpital de Notre-Dame de la Charité de Lyon, à l'exclusion du curé de Saint-Remy, auquel ils contestèrent les droits de direction et gouvernement qu'il réclamait en vertu de l'acte de fondation approuvé par les lettres patentes de 1644, et ils voulurent même lui enlever la direction spirituelle, notamment le droit de prendre le Saint-Sacrement pour le porter en viatique aux voisins. De plus, ils accusaient cet ecclésiastique de mettre le trouble dans l'administration, de vouloir la ruine de l'hôpital, « en ce qu'il en détourne toutes les aumônes par plusieurs pratiques dont il se voit une espreuve qui n'est que trop évidente par la cessation des charités et le refus mesme de la queste dans cette paroisse [1], laquelle étant la plus considérable de la ville faisait ci-devant une des principales ressources ca-

---

[1] La paroisse Saint-Remy avait autrefois le titre de *Paroisse royale*, on voyait sur son cachet trois fleurs de lys comme signe distinctif de ce titre, qu'elle tenait sans doute de la faveur des princes qui ont habité le Logis-du-Roi, alors situé sur cette ancienne paroisse.

suelles de l'hôpital, mais qu'il se voit encore quelque chose de plus fort, et, si on ose le dire, d'audacieux contre cet hôpital, on bâtit autel contre autel sous les auspices de M. le curé, qui croit que sa seule authorité vaut bien des lettres patentes pour former dans la paroisse une communauté de filles à laquelle l'on a donné le nom de Providence ; que c'est là où l'on donne par le ministère de ce curé les aumônes qui de droit appartiendraient à l'hospital général, que cette congrégation est une assemblée illicite, organisée sans l'autorisation de l'évêque et sans lettres patentes, à la destruction duquel ces administrateurs concluent, ledit sieur curé n'ayant plus de prétention pour estre administrateur soit au temporel, soit au spirituel, l'on peut compter que cet hospital sera en estat de produire le soulagement du publicq qu'on en peut souhaiter, car il y a toujours un chapelain estably qui, suivant ce qui se fait à Lyon, résidera et administrera les sacrements dans cette maison »

Dans ce but, ces administrateurs adressèrent des mémoires à l'évêque et à l'intendant pour établir leurs prétentions.

Le curé de Saint-Remy, qui était maistre Alexandre Dufresne, docteur en théologie, répondit par d'autres mémoires adressés aux mêmes autorités afin de soutenir les droits qu'il tenait de ses prédécesseurs.

Il établissait, quant au temporel, que ses droits devaient être maintenus intacts, que la réunion ne pouvait avoir pour effet de les anéantir ; « qui dit union ne dit pas confusion ni destruction. » On peut remarquer en passant, dit-il : que les commissaires de l'hospital qui veulent exclure le curé de Saint-Remy ne doivent y être que 3 ans, et cependant eux-mêmes ils n'en veulent pas sortir, il y en a entre eux qui y sont il y a plus de 10 ans [1]. Les commissaires allèguent

---

[1] Rien n'était plus blâmable, à notre avis, pour plus d'une raison, et rien n'était peut-être plus commun que de chercher ainsi à se perpétuer dans les administrations hospitalières, car s'il était de l'intérêt des hôpitaux qu'il y eût un administrateur perpétuel, il était encore plus nécessaire que les administrateurs électifs changeassent souvent, parce que, outre le zèle et la ferveur que de nouveaux directeurs ont à remplir leurs devoirs, c'est qu'un grand nombre de familles, prenant successivement part à cette administration, toutes pouvaient contribuer à soutenir les établissements par leurs charités et leurs aumône , tel est l'esprit qui, nous le croyons, a présidé à l'adoption du mode électif.

sans preuve qu'au temps de l'union l'hospital de Saint-Charles manquait de fonds, ne pouvait plus subsister, estait dans la décadence, ce sont suppositions non véritables, l'hospital de Saint-Charles subsistait mieux que le bureau des pauvres, le sieur Louvel avait donné plus de 40,000 fr., les légats et les quêtes le faisait subsister facilement, et s'il eût été aussi faible qu'on voulait le faire croire, on n'aurait pas recherché avec tant d'empressement l'union de cet hospital. »

Nous n'avons pas à examiner ici, au point de vue économique, si le mode d'administration préconisée par M. le curé était alors réellement pour le plus grand bien de l'établissement, mais tout en constatant que cette administration [1] a fait depuis des progrès qui ne sont pas contestables, il est permis de regretter qu'il ne soit pas toujours possible de concilier le respect dû aux intentions et surtout aux stipulations expresses des fondateurs avec les perfectionnements utiles ou des obligations rigoureuses.

Si du temporel nous passons au spirituel, nous voyons que Maistre Dufresne ne tenait pas moins à l'un qu'à l'autre et qu'il n'était pas du tout partisan de la séparation de ces pouvoirs.

« Les ecclésiastiques qui ont depuis l'union administré les sacrements dans l'hospital ne l'ont fait qu'avec le consentement du curé de Saint-Remy, sachant bien qu'ils ne le pouvaient pas par la députation des commissaires laïcs. Ces derniers prétendent, il est vrai, usurper cette autorité, mais ils ne la tiennent pas de Monseigneur d'Amiens, trop éclairé et trop zélé pour abandonner jamais les biens de l'Eglise. Le curé de Saint-Remy doit donc demeurer dans son droit comme auparavant. »

[1] Fondés, dans l'origine, par les évêques et des communautés, les hôpitaux furent longtemps administrés par des ecclésiastiques, notre cadre ne nous permet pas d'entrer dans le détail des vicissitudes subies par les établissements hospitaliers vers la fin du moyen-âge ni même postérieurement. De nombreux règlements eurent pour objet de punir les coupables. Le peu de succès qu'ils obtinrent fit adopter une mesure radicale, et la direction fut remise aux communes, puis enfin à des commissions gratuites entre les mains desquelles elle est encore.

Arrivant aux imputations qui concernaient la maison de la Providence, M. le curé de Saint-Remy ne sait trop pourquoi on lui donne ce nom, « on veut sans doute parler d'une maison de la paroisse où se retirent quelques filles bien nées ou damoyselles pour vivre en pension ensemble et dans la piété. « Si elles sont blâmables en quelque chose qu'ils les prennent à partie s'ils veulent, si elles fraudent la légitime des pauvres, on peut les entreprendre, si elles ont reçu des legs pieux qu'on les répète au profit de l'hospital, mais si la chose était vraie, on nommerait les testateurs et on ne le fait pas. »

La maison de la Providence, fondée plus tard régulièrement, prit par la suite un tel développement qu'elle comprenait presque entièrement le vaste emplacement occupé aujourd'hui par le collége de la Providence et une partie des maisons voisines. Aujourd'hui on peut convenir sans inconvénient que des dons importants avaient permis d'obtenir ce résultat. Et il faut restituer à M. Dufresne l'honneur et le mérite d'avoir en réalité fondé cette communauté [1], fondation à laquelle mademoiselle de la Gotterie contribua aussi de ses deniers. L'union de cette communauté avec la Providence de Paris se fit le 13 mars 1688 ; elle fut confirmée par lettres patentes de cette même année.

Plus tard le nom de Providence fut changé en celui de *Filles de Sainte Geneviève ;* une clause des lettres patentes leur interdisait de s'enfermer ni faire vœu de clôture, madame de Miramion demeura trois mois dans cette communauté pour y établir une règle semblable à celle des Filles de Sainte Geneviève de Paris dont elle était supérieure générale. Ces filles faisaient vœu de chasteté à 30 ans, mais non pas de pauvreté. En 1701, cette maison fut dotée d'une église qui était l'une des plus belles des communautés de la ville. En 1793, ces bâtiments ont servi de prison aux nombreuses victimes du régime révolutionnaire ; plusieurs re-

---

[1] Ce digne ecclésiastique avait aussi fondé en 1686, dans une maison contiguë à son église, une communauté cléricale ou d'écoliers qui étaient reçus dans cette maison et y vivaient pour une somme fort modique. Cette communauté cessa peu de temps après la mort de son fondateur arrivée en 1709.

ceveurs généraux y ont eu ensuite leurs domiciles et leurs bureaux jusqu'au moment ou M. le comte de Barde en devint propriétaire. M. de Beauvillé, père du savant auteur de l'*Histoire de Montdidier*, fut aussi propriétaire d'une partie de cet ancien couvent qui, avant d'appartenir aux RR. PP. de la Providence, était possédé par M. Delaville et autres. L'hôtel de M. de Gomer en occupe encore une portion.

II.

Les choses en étaient là lorsque, après de vives répliques de part et d'autre, est intervenue, à la date du 20 septembre 1683, une transaction[1] qui mit fin à ces fâcheux débats. Elle fut signée par-devant monseigneur l'évêque d'Amiens par maistre Dufresne d'une part, et d'autre part, par : « vénérables et discrets maistres Nicolas Mallart et Guislain Duval, chanoines, François de Raveny, prêtre bachelier en théologie, curé de la paroisse de Saint-Martin-au-Bourg, Pierre le Gilon, escuier, sieur de Grotisons, conseiller du roi au bailliage et siége présidial d'Amiens, nobles hommes maistres Nicolas Levasseur, Louis de Croquoison, sieur de la cour des fiefs, François Judas, avocat en parlement et au siége présidial d'Amiens, Florent de Louvencourt, avocat en parlement, trésorier général de l'hospital général, Pierre Wattebled, avocat en parlement, Jean Lefebure, aussi avocat, lieutenant général du comte de Saint-Pol, honorable homme Jean de Brecq, ancien eschevin, Pierre de Raveny, marchand, tous commissaires et administrateurs dudit hospital général. »

On voit que différentes classes de la société étaient appelées à composer le conseil administratif d'alors ; les droits des pauvres devaient y être bien défendus, puisque nous n'y

---

[1] Cette transaction, dressée devant notaire, fut imprimée peu de temps après ; un exemplaire s'en trouve aux archives de l'hospice, sans indication de l'année ni du lieu de l'impression, 6 pages, petit in-4°.

comptons pas moins de cinq avocats[1]. M. le curé de Saint-Remy avait affaire là à fortes parties, aussi n'eut-il pas complètement gain de cause. La transaction lui accordait à lui et à ses successeurs :

Le droit de prendre place parmi les membres du conseil après le troisième administrateur ecclésiastique, de porter suffrage et de donner sa voix lors de la nomination d'un chapelain ;

La liberté de prendre le Saint-Sacrement pour le porter aux malades de la paroisse dans le voisinage dudit hôpital, attendu l'éloignement de son église, sans pouvoir toutefois user de ce droit la nuit pour ne pas troubler l'ordre de l'établissement.

Mais elle lui retira pour l'avenir les fonctions d'administrateur et mit à néant toute autre prétention au spirituel et au temporel ; un réglement semblable à celui de Lyon fut déclaré applicable à Amiens.

A l'égard de la maison de la Providence, les termes de la transaction furent fort sévères : « Il a été convenu que ledit curé ne pouvait directement ni indirectement contribuer à l'entretien, direction, subsistance et conservation de ladite prétendue communauté, et qu'au contraire ledit curé contribuerait de tout son pouvoir à engager ses paroissiens de contribuer de leurs aumônes et legs envers ledit hospital général, sauf aux administrateurs à se pourvoir par les voies de droit contre ladite prétendue communauté. »

Le couvent de la Providence, plus heureux que M. le curé, sortit, en définitive, complètement victorieux de la lutte qu'il eut à soutenir avant d'arriver à son établissement légal : ensuite il prospéra, comme nous l'avons déjà dit plus haut.

---

[1] D'après Pagès, le conseil aurait dû être composé de deux chanoines, d'un curé de la ville, d'un conseiller du présidial, d'un avocat et de dix marchands ou bons bourgeois. Les archives de cet hospice, nouvellement classées et mises en bon ordre par M. Pollet, établissent que les membres de ce conseil étaient exemptés de certaines charges de ville, telles que celles de porte, guet et réveil.

Elles constatent aussi que plusieurs priviléges et bénéfices appartenaient à l'établissement, tels que les droits de clochetage et de criée ; celui de tenture accordé en 1790 et supprimé en 1851, etc.

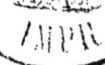

III.

Les droits jadis conférés *à perpétuité* à la cure de Saint-Remy, en vertu de la fondation Louvel, profondément modifiés par la transaction de 1683, ont été exercés par les curés de cette paroisse qui se sont succédé jusqu'en 1790 sans donner lieu à de nouvelles querelles; le peu qui restait n'en valait vraiment pas la peine. Rien, depuis cette époque mémorable à laquelle disparurent ces derniers vestiges, n'est venu rappeler le souvenir de ces droits si vivement disputés il y a près de 200 ans, et passés actuellement comme tant d'autres à l'état de fait historique.

Les restes mortels de M. Louvel ont été transportés en 1820 de l'église Saint-Remy dans la chapelle de l'hospice Saint-Charles, où ils se trouvent encore aujourd'hui. Ils ne sont indiqués que par l'inscription suivante, gravée d'une manière plus que modeste sur un des pavés à quelques pas en avant du chœur : *Hic jacet D. Antonius* Louvet, *parochus sancti Remigii, canonicus ecclesiæ Ambianensis, pius fundator hujus hospitii obit die 3 octobris anno* 1649, *pupilli senesque grati, orate pro eo.*

Le projet d'un monument qui devait être élevé en 1820 à ce vénérable fondateur, avec une inscription rappelant son inappréciable bienfait, ne fut pas exécuté, on se le rappelle, à cause de la fâcheuse similitude de son nom avec celui de l'assassin du duc de Berry. Nous croyons que c'est pour le même motif que le nom de *Louvel* fut alors changé en celui de *Louvet*. A défaut de ce monument, on pourrait, il nous semble, désirer quelque chose de moins simple que l'inscription ci-dessus transcrite pour rappeler le souvenir du généreux donateur.

En 1858, M. l'abbé Corblet a signalé à la Société des Antiquaires de Picardie l'existence à Montdidier, chez M. Hourdequin, d'un portrait de Louvel. M. Letellier, peintre, directeur de l'école de dessin d'Amiens, guidé par un sentiment fort louable, a proposé à la même Société de chercher à s'entendre avec M. Hourdequin pour obtenir de lui le portrait dont il s'agit. La peinture, dit M. Letellier, n'est pas d'un mérite supérieur, mais l'inscription qu'elle porte : *A. Dufresne, curé de Saint-Remy, et fondateur des Filles de la Providence*, avec la date 1677, lui donne un intérêt archéologique incontestable. »

Si l'on parvenait à obtenir ce portrait, il serait désirable de le voir figurer à l'hospice Saint-Charles, où est sa véritable place; la Société des Antiquaires, nous en avons la conviction, ne saurait s'élever contre un tel projet.

M. Louvel n'est pas le seul parmi les ecclésiastiques de sa paroisse dont le nom soit inscrit au nombre des bienfaiteurs de l'humanité, M. Bicheron et plusieurs autres sont justement vénérés à divers titres, et personne n'a oublié que le respectable titulaire actuel de la cure de Saint-Remy, M. Léraillé, vicaire-général et official du diocèse, chevalier de l'ordre de Saint-Grégoire-le-Grand, fut, avec M. l'abbé Duminy, le fondateur de l'*Hospice des Incurables* inauguré avec une grande solennité le 13 décembre 1829. On n'a pas oublié non plus les paroles par lesquelles M. Léraillé terminait son discours [1] :

« Pour nous, nous mettons surtout notre gloire dans ces maisons de prière et de charité, dans la ferveur de ceux qui les habitent, dans le soulagement qu'y trouvent les pauvres et les infirmes; et à la vue de tant de vertus et de tant de consolation, nous bénirons la religion, nous bénirons le Dieu qui les inspire! Nous nous efforcerons nous-même de travailler à les soutenir, à les accroître et à les perpétuer! »

Nous terminerons ces quelques pages par la liste suivante, contenant les noms des curés qui, depuis 1110, se sont succédé dans la paroisse Saint-Remy, dont l'église est aujourd'hui celle de l'ancien couvent des Cordeliers, située dans l'impasse et dans la rue du même nom.

---

[1] Ce discours, de seize pages in-8°, a été imprimé en 1829 par Caron-Vitet (en caractères de sa fonderie) ; il a été signalé avec cette particularité dans les *Recherches sur l'imprimerie et la librairie à Amiens* (Lemer, 1861.)

Quant à la première église fondée sous le vocable de Saint-Remy, il y a plus de sept siècles, par le corps de ville, chacun sait qu'elle occupait l'emplacement compris entre la rue, la place et l'impasse Saint-Remy, non loin de la Cathédrale ; c'est dans cette église que Louis XIII, pendant son séjour à Amiens, rendit le pain bénit en grande cérémonie le 1er octobre 1641, jour de la fête patronale.

E. F.

LISTE DES CURÉS DE L'ÉGLISE SAINT-REMY,
DEPUIS L'ANNÉE 1110.

1	Sire Foulques	1110
2	Sire Raoul	1120
3	Sire Godefroi	1176
4	Sire Raoul, 2e du nom	1190
5	Sire Philippe	1329
6	Jean Binard	13..
7	Sire Nicolas	....
8	Sire Adam	....
9	Guillaume Rose	1378
10	Jean Huart, chanoine	1401
11	Jean Croulle (mort en 1446)	1430
12	Jean Lecaron	1447
13	Guillaume Roche	1466
14	Jacques Auxcouteaux (mort en 1499)	1470
15	Guillaume Auxcouteaux (mort en 1511)	1499
16	Jean Saquepée	1511
17	Nicolas Saquepée (mort en 1525)	1516
18	Pierre Flaon (mort en 1540)	1526
19	Louis Flaon (mort en 1550)	1543
20	Grégoire Goudalier	1552
21	Jean Mouret, docteur	1559
22	Louis Carquilaut	1565
23	Jean du Pont, chanoine	1576
	Il paraît prévôt des curés en 1587, 1588 et 1589.	
24	Martin Jacob, chanoine	1609
	Il paraît prévôt en 1618 et 1619.	
	Il est mort le 25 septembre 1624.	
25	Antoine Louvel, chanoine (mort le 3 oct. 1649)	1625
26	Pierre Coulon, bachelier (mort le 13 mars 1673)	1649

27	Estienne de Bonnaire, le 15 juillet.	1673
	(Mort le 15 février 1676.)	
28	Alexandre Dufresne, le dernier février	1676
	(Mort le 22 avril 1709.) Il avait résigné la cure au mois de mai de l'année précédente.	
29	Nicolas de Narine, qui prit possession le 28 août . . et mourut le 31 août 1716.	1708
30	Gabriel Galand, qui était chanoine d'Arras, a pris possession le 14 septembre	1716
31	Delaire (décédé en 1803).	1745
32	Petit	1788
33	Hareux, en 1790, reprend après le Concordat, en. . . .	1801
	(Mort en 1804.)	
34	Firmin Fouquerel (mort en 1814). . . . . . . - . .	1804
35	Antoine-Joseph Bicheron (mort en 1824)	1814
36	Joseph-Remy Lepallé, titulaire actuel.	

AMIENS. — IMPRIMERIE DE T. JEUNET.

34.

www.ingramcontent.com/pod-product-compliance
Lightning Source LLC
Chambersburg PA
CBHW070539050426
42451CB00013B/3090